Min mor blev ikke smuk

Af samme forfatter:

Parisiske digte. BoD, 2020
Polardigte. BoD, 2020
Duas stening. BoD, 2020

Reza Farmand

Min mor blev ikke smuk

Min mor blev ikke smuk
© 2020 Farmand, Reza
Forlag: BoD – Books on Demand, København, Danmark
Tryk: BoD – Books on Demand, Norderstedt, Tyskland
ISBN: 9788743014980

E-mailadresse:
rezafarmand@yahoo.com

Tilegnet: Suri Tabrizi

Indhold:

Forord:

Poesien er min mor
Med sine døde hænder
Og sine forvågede øjne
I køkkenets utallige lænker
Evigt omflakkende mellem køerne
Efter mælk, brød, og fængselsbesøg

Min mor blev ikke smuk

Min mor fik ingen mulighed
For at åbne sit livs vinduer
Ud mod kærligheden
Hun var ikke herre over sin skønhed

2

Min mor kunne ikke
Undgå at blive gravid
Eller fodre sin livmoder
Hemmeligt en nat
Til en hund

3
Min mor kunne ikke
Fravælge at være kvinde,
Hun kunne ikke
Sige sit moderskab op
Og undgå at ængstes
I Evin-fængslets lange besøgskø

4
Min mor fik ingen mulighed
For at løfte sig flyvende op
Og ånde af
Ordenes grænseløse luft

I hende:
Teen gentog sig
Suppen gentog sig
Og gryderetternes boblen.

5

Min mor fik ingen mulighed
For at sætte sig om dagen,
Tænde glosernes lys om aftenen.
Hvor sørgligt at
I de angstfulde nætter
Kendte hun ikke vinens vej

6
Min mor fik ingen mulighed
For at lade sig fortrylle af
Orddiamantens glans
Og slynge en lasso af gloser
Mod verdensslottets brystværn

7
Min mor
Fik ingen mulighed for
At tage sin stoltheds gigantiske perle
Op fra historiens åbne smykkeskrin

8
Min mor
Formåede ikke at vaske
Pøblens tykke ignorance væk
Med skrubbesvamp og sæbevand
Som den fastbrændte mad
På bunden af gryden.

9
Min mor
Fik ingen mulighed for
Sælge sit madlavningsarbejde
For at kunne spendere sine indtjente penge
Som hun lystede.

10
Min mor
Evnede ikke at lære sig en tryllekunst
Forvandle sig til en fugl
Og flyve bort i en tidlig morgen
Gennem køkkenvinduet

11
Min mor blev ikke smuk
Min mor fik ingen mulighed for
At danse på tidens tinde
Beruset af sin frigørelse

12
Min mor fik ingen mulighed for
At tage sit intellekts diamant rundt
På glosernes bakke
Fra by til by
Tage til genmæle
Og gør sine brølende
Og uforstandige modstandere til skamme.

13
Min mor
Fik ingen mulighed for
At se sin skønhed genspejlet
I sine bejleres bedårede blikke

14
Min mor fik ingen mulighed for
At ryste den støvede tro fra sig
Løfte sig ved visdommens svingfjer
Hen over spørgsmålenes højder

15
Hun fik ingen mulighed for
At tage fat på verden
Opfatte eksistensen
Og opnå troen på egne suveræne sanser

16
Hun fik ingen mulighed for
At læse den lysende sandhed:
At det hende det er allerhelligste.

17
Min mor
Fik ingen mulighed for at
Lade udsagnenes masse
Passere igennem glosernes si
Udsøge indsigt
Og bære en halskæde af stolthed
Med visdommens store og glansfulde juveler

18
Sikke en længsel
Hun er blevet, min mor!
*

End ikke en sten
Kastede et blik mod hende
Og i denne verden
Som er fuld af ord
Kunne hun ikke for et øjeblik endda
Optage JEG'ets podium
*

Sikke en længsel
Hun er blevet, min mor!

Vænnede sig ikke til spejlet
Grublede ikke over stjernerne
Og det lykkedes hende ikke
At overhale døden
Med ordenes fart.

19
Min mor
Blev undfanget i udmattelse
Hun havde hverken morgen eller aften
Tidens vilde hest slæbte hende ved håret
Hen over livets tornefulde marker
Ingen hørte hendes stemme
Ingen så hendes blik
Og hendes ansigt
Blev nedslidt til døden.

20
Min mor
Var ikke tryg ved Rial*
Forstod ikke dens metalliske sprog
Rial var en skrækkelig ugle,
Der pludseligt snuppede
Hendes stemmes fugleunger

* Navnet på iransk mønt enhed

21
Min mors frihed strakte sig til
Den sidste Rial af husholdningspengene
Hun kunne knuge sedlerne sammen
I sin lille håndstrikkede pung
Og handle frit ind hvor hun ville.

22

Det spejl som kaldes helligt
Det spejl som siges at være
Det klareste af alle spejle
Det er Koranens spejl jeg taler om
Hvorfor reflekterer det så ikke
Min mors strålende ansigt?

23
Min far omtalte brødet
Med ærefrygt i stemmen
Brødet blev ikke til gloser i ham.

24
Gennem moskeen
Trådte min far ind
I min mors liv.
Der lå et tykt lag støv
Over hans gloser!

25
Min far spændte min mor
Fast til sin livskærre
Med remme fra de hellige vers,
Og med seler fra Hadith og overleveringer

26
Efter at have indoptaget
De hellige skrifters og overleveringernes budskaber,
Blev min mor så betænkelig over sin skønhed,
At hun tilslørede sin stemme
Tildækkede sit blik
Og afpassede sit smil
Efter tusindvis af religiøse påbud

27
Min mor
Havde hørt fra minareten
At hendes syn var utilstrækkeligt
Og gloserne ikke spirede i hendes kvindelige sind

Hvorfor og Hvis
Strakte sig i hende
Som uendelige veje

28

Min mor var forvundet ind i uret
Udmattelsens og spørgsmålets viser
Drejede hele døgnet rundt
I hendes runde og store øjne
Og hendes gråds ringen
Der kimede uventet
Var altid trukket op.

29
En gang
Under prøvesmagning af suppen
Kan hun ikke finde sin mund,
Med skeen i hånden nærmer hun sig spejlet
Opdager at spændingens blæst
Har fordrejet hendes ansigt
Så sætter hun sig rystet
I et hjørne af køkkenet

30
Lige nu
Ligner hun et nedtrådt *nej*,
En dødning under
Længslernes ruiner

31
Erindringerne har nu rakt
Deres lange og skyggeagtige hænder
Ud mod min syge mor

32
Vores køkkens kærlige skabning
Som vi kaldte mor
Og hvis eksistens vi kun ænsede
Når vi var syge og sultne,
Forlader, forknyt og forpint nu
Sine livslange ledsagere:
Komfuret, køkkengrejet
Samovaren og støvsugeren.

33
Dødens sorte bombe
Ramte uventet vort hjem
Og begravede min mor
Under stilhedens ruiner
Et hulrum er nu opstået
I hjertet af mine ord

34

Min mor visnede bort
Tonede ud

O! Bortfjern en stund
Min hukommelse
En stund
Gør døden smuk!

35
Min mor forduftede
Som en tåredråbe
I dødens sorte blæk

36
Et sekunds bølge
Førte min mor bort

37
At mødrene kan dø!
At døden er en virkelighed!

38
Hvor fint lukker
Nødvendigheden af at leve
Sansens åbninger til
Ellers
Hvad kunne vi stille op
Med dødens evige nærvær

39

Hvor trist at ordets reb ikke når ned
Til bunden af døden
Efter min mors pludselige styrt
Sænkede jeg mig ned i den
Trin for trin helt til min sidste glose
Og måtte stige op igen
Til øjeblikkets overflade
Jeg har mistet tilliden til al væren
Døden findes

40
En bitter nyhed
Kan ikke fjernes
Som et sandkorn fra øjet

En bitter nyhed
Kan ikke kastes op
Som forgiftet mad

En bitter nyhed
Kan end ikke grædes væk
Som smerten fra et dybt sår

En bitter nyhed
Opløses i tavsheden,
Opløses i smilet
Opløses i ordene

Mine gloser nu
Bliver bitre og blå
Bitre og blå

41
Min mor er gået bort.
I nuet
Går hun ikke længere
I nuet
Taler hun ikke længere
I nuet
Er hun ikke engang i køkkenet!

Jeg vidste ikke
At øjeblikkets overflade
Var så uholdbar!
Jeg vidste det ikke!

42
Har du fundet dig til rette i døden, mor?
Jeg tænker at du endda i døden
Er helt optaget af
Dit madlavningsarbejde
Du er foruroliget over
Hvordan og fra hvilken åbning
Du kunne råbe til os:
Der er mad!

43
Vi så ikke vor mor
Vi havde vænnet os til hende
Som husets gamle gulvtæppe

44
Min mor
Var en plantegning
I tysthedens baggrund!

45
Det lykkedes ikke min mor
At få sin ytring godkendt
At få sin latter godkendt
At få sin indsigt godkendt
At få sin skønhed godkendt
I det grusomme samfund.
*
I det grusomme samfund
Var underkastelse
Hendes vældige og guddommelige lod

46
Min mor
Kunne ikke måle sig med verden,
Og samle sin tunge
Og uendelige chador sammen
Fra samfundets gammelmodige sind

47

Endnu mindes jeg
Hvorledes du samlede
Din usikre stemme
Med hastigheden af et suk
Indenfor tavshedens smalle skal
Og blev stenstille..

48
Endnu mindes jeg
De store gloser
Fra bogen for voksne analfabeter,
Du med dit sinds udmattede hænder
Samlede op blandt ris, bønner, linser
Og grønsager

49
Som byen Nishabur*
Raserede de din vidunderlige krop
For at forvandle dig til en mark

* Den historiske by Nishabur
blev jævnet med jorden under
den Mongolske invasion af Iran (1219-1221)

50
Hvor sørgeligt i din levetid,
Mørkemænd havde besat livet
De som regnede dig såvel som friheden
For ingenting
*
Hvor sørgeligt at
Mørkemænd berøvede dig Ordet,
-Dette største af alle vinduer-
Fordømte de dine spørgsmål
Og regnede din intelligens for ingenting
*
Ak, hvor smerteligt i din levetid,
Mørkemænd havde besat livet.

51
Jeg vil bære din kiste
På min poesis skuldre
Gennem by efter by.

Noder:
Min mor blev ikke smuk
Oversat af forfatteren fra persisk
efter "مادرم زیبا نشد"

Reza Farmand (f. 1956, Iran) har boet i Danmark siden 1985. Han har læst samfundsfag i Indien og engelsk på Københavns Universitet. Farmand har udgivet en række digtsamlinger på persisk i trykt form eller online, hvoraf en af dem handler om Grønland. Hans seneste bog "Shams' lære til Moulavi (Rumi)" er et forskningsværk om Sufisme, hvor han anfægter retningens livssyn og verdensanskuelse.

Et gennemgående tema i Farmands forfatterskab er feminisme, hvilket blandt andet kan ses i bogen "Min mor blev ikke smuk". Bogen er oversat til flere sprog.